ANALIZA KSIĄŻKI

AF156568

Księżniczka z Cleves

• • • • • • • • • • • • • • • •

MADAME DE LAFAYETTE

ANALIZA KSIĄŻKI

Napisany przez Vincent Jooris
Przetłumaczony przez Kâmil Kowalski

Księżniczka
z Cleves

MADAME DE LAFAYETTE

MADAME DE LA FAYETTE

FRANCUSKA PISARKA

- **Urodzona w 1634 roku w Paryżu**
- **Zmarła w 1693 roku w tym samym mieście**
- **Niektóre z jej prac**:
  - *Księżniczka z Montpensier* (1662), powieść
  - *Zayde* (1669-1671), powieść
  - *Księżniczka z Cleves* (1678), powieść

Marie-Magdeleine Pioche de la Vergne, znana jako hrabina de la Fayette, urodziła się 18 marca 1634 roku, a zmarła na chorobę serca 25 maja 1693 roku w Paryżu. Była córką pana wywodzącego się z drobnej szlachty.. Jej ojciec zmarł w 1649 roku, a matka wyszła ponownie za mąż za niejakiego Renauda de Sévigné, wuja markizy de Sévigné (francuskiej kobiety pióra, 1626-1696). Marie Magdeleine zaprzyjaźniła się z tym ostatnim, który zapraszał ją do bywania w towarzystwie dworskim i na salonach literackich tamtych czasów. Tam poznała Jean-François Motiera, hrabiego de la Fayette, którego poślubiła. Małżeństwo bez miłości wyczerpało się, a hrabia de la Fayette zdecydował się na emeryturę na wsi, pozostawiając żonę w Paryżu.

W salonach literackich hrabina poznała La Rochefoucauld (pisarz francuski, 1613-1680), z którym nawiązała bliską i długotrwałą przyjaźń. Poprzez ten związek zanurzyła się w świat literatów. Odtąd Racine (1639-1699), Corneille (1606-1684) i wielu innych stali się autorami, których Marie-Magdeleine czytała i słuchała.

W czasie tych lat spędzonych w tym towarzystwie uczonych napisała najpierw dwa opowiadania: *La Princesse de Montpensier* (1662) i *Zaïde* (1670), które doskonale ilustrują literackie tematy jej czasów. Jednak Madame de la Fayette szukał innowacji i z pomocą La Rochefoucauld zwrócił się do stylu pisania naznaczonego historią i dokładnością. Napisała *Histoire d'Henriette d'Angleterre*, pamiętniki brytyjskiej księżniczki Henriette (1644-1660). W 1678 roku opublikowała Księżniczkę *z Cleves*: dzieło, o gatunku trudnym do zdefiniowania, bo znajdującym się w połowie drogi między powieścią historyczną a analityczną, odniosło ogromny sukces. Należy do nowej szkoły literackiej i jako taka uważana jest za pierwszą książkę odpowiadającą nowoczesnej koncepcji powieści.

KSIĘŻNICZKA Z CLEVES

POWIEŚĆ O NAMIĘTNOŚCI

- **Gatunek:** powieść

- **Wydanie źródłowe:** *La Princesse de Clèves*, Paris, Librairie Générale Française, 1999, 256 s.

- Pierwsze **wydanie:** 1678

- **Tematyka:** wierność, dylemat, cudzołóstwo, reputacja, namiętność

Powieść, napisana we współpracy z Segrais (francuski poeta, 1624-1701) i La Rochefoucauld, została opublikowana anonimowo w 1678 roku, gdyż Madame de La Fayette wyraźnie odmówiła przypisania jej sobie, jako niezgodnej z jej płcią i rangą. W momencie publikacji dzieło było przedmiotem sprytnej kampanii prasowej w *Le Mercure galant*, co przyczyniło się do jego sukcesu; sukcesu, który nie został zaprzepaszczony przez wieki, wielu uznało go za pierwszą nowoczesną powieść psychologiczną.

Księżniczka z Cleves opowiada o konflikcie, który dręczy tytułową bohaterkę, zmagającą się między lojalnością, jaką winna jest mężowi, a destrukcyjną namiętnością miłosną, którą tłumi w stosunku do księcia Nemours.

STRESZCZENIE

CZĘŚĆ 1

W 1558 roku na dworze Henryka II (króla Francji, 1519-1559) pojawiła się piękna 16-letnia dziewczyna: Mlle de Chartres. Bez ojca, towarzyszyła jej matka, która ją wykształciła.

Plany małżeńskie między różnymi członkami dworu zawodzą z powodu intryg. Książę Cleves oświadcza się Mlle de Chartres. Młoda kobieta zgadza się na to małżeństwo z rozsądku, stając się tym samym księżniczką Cleves. Ona i jej matka zakładają, że czułość i czas sprawią, że miłość małżeńska rozkwitnie.

Na balu wydanym przez króla księżniczka poznaje księcia Nemours. Rodzi się między nimi wszechogarniająca namiętność, ale pozostaje ona ukryta.

Gdy Madame de Chartres leży umierająca, córka opowiada jej o swoich uczuciach do Nemours. Matka błaga córkę o porzucenie tej pasji, która, jak się obawia, wyrządzi jej krzywdę. Madame de Clèves postanawia następnie wycofać się na wieś, do Coulommiers.

CZĘŚĆ DRUGA

Tam Madame ^de Clèves dowiaduje się o śmierci Madame de Tournon, kobiety, którą podziwiała. Książę Cleves opowiada jej anegdotę: jeden z jego przyjaciół, M. de Sancerre, od dwóch lat był zakochany w Madame de Tournon, a ona potajemnie obiecała go poślubić. Jednak w dniu jej śmierci M. de Sancerre odkrył kilka namiętnych listów, które nie były adresowane do niego; Madame de Tournon w rzeczywistości wygłosił tę samą mowę do M. d'Estouville. M. de Sancerre był niezwykle zdenerwowany. Książę Cleves wyciągnął z tej historii ogólny wniosek: lepiej, żeby mężatka wyznała jakieś skłonności gdzie indziej, niż ukrywała je przed mężem; ten ostatni nie byłby zdenerwowany, bo nie miałby nieprzyjemnej niespodzianki w postaci ujawnionego romansu. Księżniczka była głęboko poruszona tymi ostatnimi słowami.

Książę Cleves przekonuje swoją żonę, by pojechała za nim do Paryża. Uświadamia sobie, że nadal żywi uczucia do księcia Nemours. Ze swej strony Nemours z miłości do niej porzucił nadzieje na angielską koronę. Księżniczka Cleves próbuje zapanować nad swoimi emocjami i znów chce uciec.

Pewnego dnia orientuje się, że Nemours kradnie jej portret. Milczy jednak w obawie przed publicznym ujawnieniem namiętności księcia i aby nie podburzać go do wyznania miłości. Nemours zdaje sobie jednak sprawę, że księżniczka obserwowała tę scenę, ale nie zadenuncjowała go. Wraca do domu szczęśliwy, wiedząc, że jest kochany.

Podczas turnieju książę ryzykuje kontuzję. Zmartwione spojrzenie w oczach Madame de Clèves jest jednoznaczne. Kawaler de Guise, który również jest zakochany w księżniczce, widzi to i rozumie, że nie ma szans na jej zdobycie; wyrusza na przygodę, daleko od Francji, i umrze za granicą.

Pewnego dnia księżniczka przechwytuje list od kobiety, który krąży po dworze i który sugeruje, że Nemours ma romans. Madame de Clèves czuje wzbierającą w niej zazdrość.

CZĘŚĆ TRZECIA

W rzeczywistości list był przeznaczony dla vidame de Chartres, wuja księżniczki i powiernika królowej. Ryzykował bardzo wiele, gdyby został zidentyfikowany: jego kochanka zostałaby skompromitowana, a królowa robiłaby mu wyrzuty z powodu tej przygody. Następnie vidame powierzyła Duc de Nemours misję: podać się za adresata listu.

Nemours odwiedza Madame de Clèves i udowadnia swoją dobrą wiarę. W ten sposób rozwiewa zazdrość księżniczki i odzyskuje list. Nemours przekazuje ją vidame, która zwraca ją swojemu kochankowi. Jednak Dauphine zażądał również notatki, która spowodowała kłopoty. Konieczne jest zatem skopiowanie go z pamięci. W obecności M. de Clèves księżniczka i książę przepisują list. Cieszą się tą chwilą intymności. Jednak imitacja jest niedoskonała i królowa wyczuwa podstęp. W ten sposób vidame traci swój szacunek.

Po raz kolejny zaniepokojona namiętnością, jaką czuje do księcia, księżniczka wraca do Coulommiers. Mąż robi jej wyrzuty, że lubi samotność. Następnie wyznaje jej miłość do innego mężczyzny. Mówi, że musi uciec od dworu, by pozostać godną męża. Początkowo uznaje jej szczerą lojalność, ale potem nie może się powstrzymać od naciskania na nią z zazdrosnymi pytaniami. Nie zdradza jednak nazwiska swojego kochanka. Nemours, w ukryciu, był świadkiem tej sceny.

Niedługo potem król prosi księcia de Cleves o powrót do Paryża. Osamotniona w domu księżniczka jest przerażona jego wyznaniem, ale przekonuje samą siebie, że pozostała wierna mężowi.

Nemours jest podzielony: rozumie, że to wyznanie kładzie kres wszelkim nadziejom na zapewnienie sobie przychylności księżniczki, ale jest zachwycony, że może kochać i być kochanym w zamian. Nie może powstrzymać chęci opowiedzenia tej historii swojej przyjaciółce vidame. Mimo wymijającej i nieprecyzyjnej wypowiedzi księcia, vidame rozumie, że w istocie chodzi o jego przyjaciela. Przez tę nieostrożność historia staje się publiczna. Książę i księżniczka Cleves oskarżają się wzajemnie o ujawnienie swojej rozmowy, nie wiedząc, że Nemours ich podsłuchał.

Król ginie podczas turnieju.

CZĘŚĆ CZWARTA

Dwór udaje się do Reims na koronację nowego króla. Tymczasem księżniczka pozostaje w Coulommiers. Nemours obserwuje ją w nocy, jak ona kontempluje jego obraz. To zachęca go do przyłączenia się do niej. Myśląc, że rozpoznaje go w ogrodzie, ucieka do innego pomieszczenia w zamku. Nemours czeka, na próżno, i postanawia wrócić następnej nocy. Za Nemours podążył jednak szpieg w żołdzie księcia Cleves. Po usłyszeniu tej wiadomości książę jest przekonany, że żona go oszukała. Umiera z żalu, jednocześnie obwiniając żonę.

Przerażona księżniczka odmawia ponownego spotkania z księciem. Vidame udaje się w końcu zaaranżować potajemne spotkanie dwojga kochanków. Nemours wyznaje, że to on dokonał rewelacji. Księżniczka Cleves odrzuca księcia i odchodzi bez możliwości zatrzymania jej przez niego. Udaje się na wygnanie w Pireneje i przyjmuje święcenia kapłańskie. Poważnie chora, zmarła tam kilka lat później.

STUDIUM POSTACI

MADAME DE CHARTRES

Matka bohaterki, Madame de Chartres, determinuje całą fabułę. Pochodząca z prowincji, udaje się do dworu, by szukać męża dla swojej córki. Uosabia wartości moralne i arystokratyczne poprzednich dekad: poszanowanie obowiązku małżeńskiego, znaczenie reputacji itp.

Towarzyszy jej córka, Mlle de Chartres, którą wychowała w surowym i cnotliwym środowisku. Chce, by wyróżniała się z tłumu innych kobiet i wyznacza jej kurs, czyniąc ją agentką swojego osobistego planu.

Nieustannie dąży do tego celu, do tego programu, do tego ciężaru, nawet na łożu śmierci. Po wysłuchaniu wyznania córki o jej uczuciach do Nemours, Madame de Chartres nie waha się uciec do szantażu emocjonalnego: miłość synowska służy jako ostatnia obrona przed namiętnością. Na przykład podczas ostatniego pożegnania deklaruje:

"Pomyśl, co jesteś winna swojemu mężowi; pomyśl, co jesteś winna sobie, i pomyśl, że stracisz tę reputację, którą zdobyłaś i której tak bardzo ci życzyłem. Miej siłę i odwagę, córko moja, wycofaj się z sądu […]. Gdyby inne powody niż cnota i twój obowiązek mogły cię zobowiązać do zrobienia tego, co chcę, powiedziałbym ci, że jeśli cokolwiek mogłoby zakłócić szczęście, na które liczę, odchodząc z tego świata, byłoby to zobaczenie, jak upadasz jak inne kobiety; ale jeśli to nieszczęście cię spotka, witam śmierć z radością, aby nie być jej świadkiem […]. Żegnaj, moja córko – powiedziała do niej – […] a pamiętaj, jeśli możesz, o tym wszystkim, co ci właśnie powiedziałam". (p. 91-92)

Poza śmiercią, honor matki spoczywa na postępowaniu córki. Pożegnanie ratyfikuje cały proces winy. W pewnym sensie matka i autorka pokrywają się: matka pieczętuje los córki, tak jak autorka naprawia los swojej bohaterki.

KSIĄŻĘ CLEVES

Książę Cleves, mąż bohaterki, żałuje, że sprowokował spowiedź żony. Ogarnięty zazdrością, oskarża ją o cudzołóstwo.

Jego śmierć jest echem śmierci Madame de Chartres. Tu również śmierć następuje po wyznaniu, a umierający oświadcza, że śmierć jest dla niego przyjemna ze względu na to, co wie. Uroczyście ogłasza:

> Umrę – dodał – ale musisz wiedzieć, że ty czynisz mi śmierć przyjemną i że po odebraniu szacunku i czułości, jakie miałem dla ciebie, życie brzydziłoby się mną […]. Żegnaj, pani, kiedyś zatęsknisz za człowiekiem, który kochał cię z prawdziwą i uzasadnioną pasją. Poczujesz smutek, jaki rozsądni ludzie znajdują w tych zaręczynach, i poznasz różnicę między byciem kochanym tak, jak ja cię kochałem, a byciem kochanym przez ludzi, którzy okazując ci miłość, szukają jedynie zaszczytu uwiedzenia cię. Ale moja śmierć pozostawi cię na wolności – dodał – i będziesz mógł uszczęśliwić M. de Nemours, nie kosztując cię przy tym żadnej zbrodni. Jakie to ma znaczenie – kontynuował – co się stanie, gdy mnie już nie będzie, i czy muszę mieć słabość, by w to patrzeć?

Pozwolenie jest tylko pozorne. W rzeczywistości, poślubienie rywala przyniosłoby księżniczce Cleves nieodwracalną kompromitację. Tymi słowami książę rzuca żonie wyzwanie, by uszanowała jego pamięć. Możemy się domyślać, że nigdy nie pozwoliłaby sobie na niegodność męża.

KSIĄŻĘ NEMOURS

Już pierwsze strony powieści zaliczają księcia Nemours do najbardziej godnych podziwu ludzi dworu. Rzeczywiście jest on przedstawiany jako najprzystojniejszy, najbardziej dystyngowany itp. Oczywiście logika powieści chciałaby go skojarzyć z najpiękniejszą i najbardziej dystyngowaną z kobiet, czyli naszą młodą bohaterką. Jednak to założenie zostaje zaprzeczone: spotykają się, ale za późno, bo księżniczka ma już męża.

Nemours jest z pewnością młody i przystojny, ale potem odkrywamy jego prawdziwą osobowość, zamaskowaną przez konwencję: książę ujawnia się jako uwodziciel, oportunista i cynik.

VIDAME Z CHARTRES

Wuj bohaterki, Vidame de Chartres, od pierwszych stron porównywany jest do Nemours. Obaj uosabiają dwór poprzez swoją waleczność. Jest on niejako sobowtórem Nemoursa, którego przeszłość wspomina i którego przyszłość zapowiada.

Wuj i powiernik księżniczki de Cleves, mógł być uznany za swego rodzaju substytut figury ojca.

MLLE DE CHARTRES/ KSIĘŻNICZKA Z CLEVES

Bohaterka powieści, księżniczka Cleves, nie jest jednak panią swojego życia. Wpływ na nią mają inni bohaterowie: autorytet matki, wrażliwość męża, uwodzenie Nemours i etykieta dworska.

Księżniczka internalizuje nakazy matki. Ponad wszystkie inne stawia dwie cnoty: szczerość, która gwarantuje jej misję, oraz kontrolę, jaką sprawuje nad swoimi emocjami. Korzystając z tych zasad, twierdzi, że sublimuje zagrażające jej niepowodzenia. Jednocześnie nieświadomie stawia siebie jako przykład do podziwiania i naśladowania. Wynika z tego pewna forma osobistej dumy, wręcz pychy.

Jednak w niektórych sytuacjach szczerość i samokontrola są w głębokim konflikcie. Księżniczka woli przyznać się do swoich wad z szacunku do siebie. Ilekroć czuje, że jej wola słabnie, wyznaje swoje krzywdy. Czy ujawnienie jej błędów odwiedzie ją od ponownego ich popełnienia? Bez wątpienia ma taką nadzieję. Wydaje jej się, że oswaja własne nastroje. W tych inscenizacjach miesza się kobiecy heroizm i narcyzm. Ale księżniczka zakłada swoją siłę. Za każdym razem utrzymuje się niezdecydowanie. Za każdym razem usterka się pogłębia.

Tylko bliskość śmierci powstrzymuje ją od namiętności, która ją wzburza. Sięgając po schronienie w religii, udaje jej się zachować ideał, który uczyniła swoim własnym. Wyrzekając się świata, ostatecznie dotrzymuje obietnic. Ale za jaką cenę!

KLUCZE DO CZYTANIA

OSTRZEŻENIE PRZED NAMIĘTNOŚCIĄ

Madame de La Fayette uważa namiętności miłosne za zgubne: nienawidzi kłopotów, zazdrości, niezadowolenia i smutków, które one wywołują. W porównaniu z tym, chwile szczęścia byłyby zbyt ulotne. W tym sensie termin "pasja" zbliża się do swojego etymologicznego znaczenia: cierpienie, ból.

Autorka przeciwstawia inną wizję miłości, pod wpływem szlachetnego prądu, rozdzierającej serce namiętności. Opowiada się za formą solidnej i życzliwej sympatii, za sentymentalnym i intelektualnym, przyjacielskim, a nawet platonicznym przywiązaniem. Związek ten, serdeczny i niewzruszony, koi serce i jest źródłem harmonii. Jest to podobne do stoickiej ataraksji (poszukiwania braku kłopotów). Chodzi o zatarcie żarliwości namiętnych kłopotów w celu osiągnięcia samokontroli i równowagi emocjonalnej. Madame de La Fayette sama doświadczyła tego sposobu przeżywania miłości, najpierw z Gillesem Ménage (pisarzem francuskim, 1613-1692), potem z La Rochefoucauld.

👁 PRECIOUSNESS

Jest to francuskie zjawisko literackie, które powstało w XVIII wieku w salonach towarzyskich, gdzie uprawiano sztukę konwersacji. Precjoza cechuje poszukiwanie wyrafinowania,

W tej historii bohaterka kultywuje idealną wizję miłości. Poszukuje szczerej i trwałej miłości, pozbawionej interesowności i ambicji, zdolnej wytrzymać próbę czasu. Odrzuca efemeryczne i nieczyste związki.

Ale, co ciekawe, księżniczce wydaje się obca miłość męża, którego wrażliwość jest bliska jej własnej. Mało tego, zakochuje się w księciu Nemours. Ta alienująca namiętność hamuje jej inteligencję: nie dostrzega bezpośrednio znaczenia swoich działań, wyznaje niewierność, jednocześnie nalegając na zachowanie w tajemnicy imienia mężczyzny, którego kocha, itp. Wreszcie bohaterka uświadamia sobie niedyskrecję księcia Nemours i z goryczą uświadamia sobie swoją porażkę:

> *"Myliłem się, wierząc, że istnieje człowiek zdolny do ukrycia tego, co schlebia jego chwale. A jednak to właśnie z powodu tego mężczyzny, którego uważałam za tak odmiennego od reszty mężczyzn, stwierdzam, że jestem jak inne kobiety, będąc tak daleka od bycia jak one. Straciłam serce i szacunek męża, który miał być moim szczęściem. Wkrótce będę postrzegany przez wszystkich jako osoba, która ma szaloną i gwałtowną pasję. (p. 184)*

Natomiast różne historie namiętności, które przebijają się przez powieść – choć w żadnym wypadku nie są konieczne dla akcji – miały za zadanie ostrzec bohaterkę przed zagrożeniami, jakie niosą ze sobą te ostatnie: przesadne bałwochwalstwo, rozwiązłość, szaleństwo itp. Próżne ostrzeżenia.

Księżniczka rozumie, że powodem, dla którego miłość zużywa się w małżeństwie, jest to, że każda osoba wierzy, że druga jest jej własnością. Rozumie też, że namiętność trwa tylko tak długo, jak długo ukochany (Nemours) jej ucieka. Krótko mówiąc, czuje się mierna za to, że zapragnęła tego, czego nie mogła mieć. Jednak mimo wszystko tylko choroba osłabi jej namiętne uczucia, aż do ostatecznego wyrzeczenia:

> *"Ten długi i bliski widok śmierci sprawił, że Madame de Clèves zobaczył rzeczy tego życia tym okiem, które jest tak różne, gdy jest się w zdrowiu […]. Przezwyciężyła resztki tej namiętności, którą osłabiły uczucia, jakie dała jej choroba; myśli o śmierci przybliżyły jej pamięć o Monsieur de Clèves […]. Wreszcie, po upływie całych lat, czas i nieobecność spowolniły jej ból i zgasiły pasję. Madame de Clèves żyła w sposób, który nie pozostawiał pozorów, że mogłaby kiedykolwiek powrócić; część roku spędzała w tym domu zakonnym, a drugą część w domu, ale w odosobnieniu i w zajęciach świętszych niż w najsurowszych klasztorach; a jej życie, które było raczej krótkie, pozostawiło przykłady niezrównanych cnót. (p. 236-239)*

REFLEKSYJNE WOLNE TEMPO

Przez całą opowieść księżniczka oscyluje między dwiema postawami:

- słabo kontrolowana akcja. Jej gesty, słowa, rumieńce czy milczenie świadczą o jej nieuporządkowanej namiętności. Daje, wbrew sobie, znaki swoich uczuć;

- odzwierciedlenie. Poświęca czas na refleksję nad własnym postępowaniem. Oceny, karmione skruchą lub wyrzutami sumienia, prowadzą do postanowień na przyszłość. Krótko mówiąc, po niepokojącym zdarzeniu zawsze następuje analiza retrospektywna.

Co więcej, tym dwóm postawom odpowiadają dwie przestrzenie:

- życie publiczne, reprezentowane przez dwór (w Paryżu, w Blois) z jego wystawnymi ceremoniami, jego intrygami i zwodniczymi uwodzeniami;

- odosobnienie, przywołane przez wiejski krajobraz, prywatne pokoje itp. Ucieczka od świata jest konieczna, aby medytować w spokoju. Gdy tylko pojawia się taka potrzeba, księżniczka zamyka się w samotności.

W tej trzecioosobowej narracji samooszukiwanie może przybierać trzy formy:

- opis psychologiczny, który określa, co siedzi w głowie bohaterki;

- monolog relacjonowany, w którym mowa księżniczki do samej siebie przedstawiona jest w stylu pośrednim;

- monolog w stylu bezpośrednim.

Te refleksyjne sekwencje w zwolnionym tempie ilustrują wysiłek księżniczki, by przejrzeć swoje zagubienie. Aby uciec od chaosu swoich namiętnych ruchów, próbuje rozwinąć dyskurs, który reorganizuje jej umysł, który go strukturyzuje. Nie jest to nieuporządkowana mieszanina pomylonych wrażeń, ani logorrhea nieuchwytnych idei, ale linearna, przejrzysta i spójna myśl, oświecona przez rozum.

> "[...] Madame de Clèves poszedł do domu i zamknął się w swoim gabinecie.
>
> Nie sposób wyrazić bólu, jaki odczuwała, wiedząc, na podstawie tego, co matka właśnie jej powiedziała, o zainteresowaniu, jakim cieszył się M. de Nemours: nie miała jeszcze odwagi przyznać się do tego przed samą sobą.

Zobaczyła wtedy, że uczucia, które żywiła do niego, były tymi, których M. de Clèves tak bardzo od niej wymagał; przekonała się, jak haniebne było mieć je dla innej niż dla męża, który na nie zasługiwał. Czuła się zraniona i zakłopotana obawą, że M. de Nemours będzie chciał ją wykorzystać jako pretekst do Madame dauphine i ta myśl zdeterminowała ją do powiedzenia Madame de Chartres tego, czego mu jeszcze nie powiedziała. (p. 88-89)

Wybór "Cornelian"

Spowiedź do księcia Nemours jest właśnie jednym z takich odruchowych spowolnień. Dylemat między obowiązkiem a namiętnością ujawnia intymny charakter wyznania. Monolog ten wyróżnia się długością odpowiedzi Madame de Clèves w porównaniu z odpowiedzią Nemoursa. Ponadto charakteryzuje się długimi zdaniami, którym towarzyszy duża liczba klauzul względnych:

*"Powiedziałem Ci zbyt wiele, aby ukryć przed Tobą, **że dałeś** mi to do zrozumienia i **że** doznałem tak okrutnego bólu wieczorem, **kiedy** królowa dała mi ten list od Madame de Thémines, o **którym** mówiono, że jest adresowany do Ciebie, **że** pozostało we mnie wyobrażenie o nim, **które** każe mi wierzyć, **że** jest to największe ze wszystkich zł. (koniec czwartej części)*

Zastosowanie tych długich zdań podkreśla powolne myślenie księżniczki z Cleves. Nie zapominajmy, że jest ona w konieczności wyboru między obowiązkiem a pasją. Pokazuje to, że bohaterka w trakcie wypowiedzi zastanawia się nad swoją ostateczną decyzją. Ten powtarzalny styl pozwala nam odbierać wahania bohatera.

W końcu w powieści jest wiele faz refleksyjnych, dowodów na intensywną podróż osobistą. ᵉTo również sprawia, że *Księżniczka z Cleves jest* powieścią czeladniczą, gatunkiem powstałym w Niemczech w XVIII wieku, który śledzi rozwój bohatera.

GRY SPOJRZEŃ

W powieści komunikacja między jednostkami jest pośrednia lub bardzo spóźniona. To wyjaśnia różne formy czasownika 'to see', które występują w całej powieści.

Sceny szpiegostwa i voyeuryzmu

Symetryczne sceny rozgrywają się w miejscach poza kortem.

Bohaterowie są obserwowani bez swojej wiedzy:

- Nemours szpieguje księżniczkę z okna kupca jedwabiu;
- księżniczka znajduje Nemoursa śpiącego w paryskim ogrodzie.

Kontempluje się samych szpiegów:

- jeden z kochanków patrzy na portret drugiego, nie wiedząc, że ten, którego podziwia, obserwuje go;
- księżniczka przyłapuje Nemours na kradzieży jej portretu;
- Nemours szpieguje księżniczkę w Coulommiers i znajduje ją strapioną na widok obrazu, który nabyła. Obraz przedstawia oblężenie Metzu, w którym pojawia się Nemours.

Pogląd sądu

Na balu dworskim z okazji książęcych zaręczyn król nakazuje Madame de Clèves zatańczyć z Nemours. Rozkaz ten ma znaczenie symboliczne: widząc tych dwoje ludzi jako akceptowalną parę, król zatwierdza nieślubny związek (s. 71-72).

Co więcej, poprzez narzuconą przez siebie etykietę, dwór zmusza bohaterów do odgrywania roli, do kształtowania twarzy, która będzie wystawiona na widok.

Bądź postrzegany jako przykład

W końcu księżniczka zakłada i pokonuje przytłaczające ją poczucie winy i przeciętności. Odzyskuje poczucie własnej wartości i jeśli spotyka Nemoursa po raz ostatni, to dlatego, że prosi go, by doniósł o ich rozmowie Vidame de Chartres. W ten sposób zamierza wzbudzić podziw wuja i postawić siebie jako wzór do naśladowania. Od tej pory, oferując siebie jako wzorową i nienaganną ikonę, ma nieco większą kontrolę nad spojrzeniami innych i uwalnia się od roli, do której popychał ją sąd.

Spowiedź poza zasięgiem wzroku sądu

Wyznanie księżniczki wobec księcia Nemours nie odbywa się pod okiem dworu. Rzeczywiście, nie spotykają się ani na dworze, charakteryzującym się swoimi kodami społecznymi, ani w prywatnym i intymnym domu Madame de Clèves, ale w neutralnym miejscu, które nie może wpłynąć na ich zachowanie. Wyznanie uczuć i zapowiedź odejścia mogą więc być ujawnione swobodnie, bez napięcia z zewnątrz i w sposób szczery. Ponieważ bohaterowie znajdują się w miejscu poza dworem, księżniczka banuje wszystkie kody społeczne, aby uwolnić się od swojego ciężaru: "[…] pominę całą powściągliwość i delikatność, jaką powinnam mieć w pierwszej rozmowie." (p. 230)

Pozbywa się więc wszystkiego, co w społeczeństwie mogłoby jej przeszkadzać w okazywaniu uczuć. Od tej pory nie bierze już pod uwagę decorum, które potępia wyznawanie namiętności.

CZY PRZEJŚCIE KSIĘŻNICZKI DE CLEVES NA EMERYTURĘ TO FATUM?

Efemeryczna pasja

To wyznanie służy również jako argument społeczny, który ma przekonać ją samą, że jedynym sposobem na wyjście z sytuacji, w której się znalazła, jest wycofanie się z sądu. Również księżniczka Cleves obawia się, że nieoczekiwane uczucia księcia Nemours rozwieją się z czasem i widokiem innych kobiet: "Ale czy mężczyźni zachowują namiętność w tych wiecznych zaręczynach? Czy mam liczyć na cud na moją korzyść […]?

Tym retorycznym pytaniem księżniczka de Cleves nie daje Nemoursowi żadnej alternatywy. Nie może on zaprzeczyć tym stwierdzeniom. Ponadto określenie "cud" podkreśla marginalność trwałej miłości i nieuchronność losu mężatek.

Ten strach przed efemeryczną namiętnością jest pierwszym argumentem, który stanowi przeciwwagę dla braku przeszkód w miłości księżniczki i Nemoursa. Madame de Clèves jest świadoma, że po śmierci męża wszelkie przeszkody dla ich miłości nie mogą być uprawnione w społeczeństwie i w oczach Nemours:

"Wiem, że jesteś wolny, że ja jestem wolny, i że sprawy są tego rodzaju, że opinia publiczna nie mogłaby mieć powodu do obwiniania ciebie, ani mnie, gdy byliśmy zaręczeni razem na zawsze. (koniec czwartej części)

Lęk przed niewiernością wynika również z obserwacji, że miłość jest ulotna. Rzeczywiście, księżniczka zdaje sobie sprawę, że książę de Nemours jest czarującym mężczyzną, który podoba się wielu kobietom: "Nic nie może mi przeszkodzić, że urodziłeś się ze wszystkimi dyspozycjami do galanterii i wszystkimi cechami, które mogą dać tam szczęśliwe powodzenie. (koniec czwartej części)

W tym społeczeństwie nie można znaleźć wierności i stałej miłości, której pragnie Madame de Clèves. W ten sposób maksyma kończąca społeczne uzasadnienie księżniczki z Cleves nabiera pełnego znaczenia: "Wyrzuca się kochanka; ale czy wyrzuca się męża, kiedy wystarczy go tylko skarcić za brak miłości? Ta maksyma, naznaczona czasem bezosobowym i teraźniejszym, podkreśla los kobiety zamężnej.

Zazdrość, składnik namiętności

Cały ten społeczny spór jest wzmocniony nieuchronnym pojawieniem się destrukcyjnego uczucia – zazdrości. Księżniczka obawia się tej emocji, która uniemożliwiłaby jej ukrycie namiętności.

"Byłbym w śmiertelnym bólu i nie miałbym nawet pewności, że nie spotka mnie nieszczęście zazdrości. Zbyt wiele ci powiedziałem, by ukrywać przed tobą, że uświadomiłeś mi to i że doznałem tak okrutnego bólu [...], że wciąż mam o tym pojęcie, które każe mi wierzyć, że jest to największe ze wszystkich zł. (koniec czwartej części)

Podkreślone hiperbole pokazują, że nie zniesie ona bycia zdradzoną. Ponadto popierają przyczyny społeczne, które uniemożliwiają ich związek. Superlatyw opisuje zazdrość jako zło przewyższające wszelkie inne przypadłości, z którym nigdy nie można walczyć. Wyrażenie hiperboliczne wyraża więc niedopasowanie świata dworu do wartości księżniczki.

"Mało jest takich, którym się nie podoba; moje doświadczenie skłaniałoby mnie do przekonania, że nie ma takich, którym nie można się podobać" (koniec czwartej części). Używając tej litoty, narrator łagodzi wypowiedź, aby nadać jej mocniejszy charakter. Książę Nemours nie mógł się oprzeć nowej namiętności podobnej do tej, którą czuje do niej. W efekcie argument społeczny przekonuje czytelnika i księżniczkę o konieczności opuszczenia dworu i legitymizuje obserwację niemożliwej miłości. Młoda kobieta opowiada się więc za wartościami moralnymi wpojonymi przez matkę, które chce zachować.

Obowiązek

Nawet jeśli ulegnie (ulegnie?) swojej namiętności, to oprócz nieszczęśliwych konsekwencji związku małżeńskiego, obowiązek i poczucie winy będą (będą?) ją ścigać na zawsze:

> "Kiedy mógłbym przyzwyczaić się do tego rodzaju nieszczęścia, czy mógłbym przyzwyczaić się do nieszczęścia polegającego na przekonaniu, że Monsieur de Cleves będzie zawsze obwiniał cię o swoją śmierć; czynił mi wyrzuty, że cię kochałem, że się z tobą ożeniłem [...]" (koniec czwartej części)

Użycie hipotetycznego warunku podkreśla, że nawet gdyby udało jej się przezwyciężyć zazdrość i niewierność, siła obowiązku nie pozwoliłaby jej na pójście wbrew swoim wartościom i cnocie: "Nie da się – kontynuowała – przełamać tak silnych powodów: muszę pozostać w stanie, w którym jestem, i w postanowieniach, które podjęłam, by nigdy się z niego nie wydostać." (koniec części 4) Argumenty społeczne i osobiste uzasadniają ostateczną decyzję Madame de Clèves o wycofaniu się z sądu.

POSTAĆ TRAGICZNA

Wszystko to świadczy o tym, że bohaterkę można uznać za należącą do kategorii postaci tragicznych. Po pierwsze, kornelowski dylemat między namiętnością a obowiązkiem jest charakterystyczny dla klasycznych tragedii. Sugerują one, że miłość jest niemożliwa. To prawda, że księżniczka stopniowo odkrywa namiętność, jaką czuje do księcia Nemours i zdaje sobie sprawę, że to uczucie jest nie do pokonania. Nie może swoją wolą udaremnić losu: "Los mój nie chciał, abym się cieszył tym szczęściem [...]" (koniec części IV) Jej namiętność nie może być kontrolowana, nawet jeśli ma taką wolę. Madame de Clèves jest predestynowana do wycofania się ze świata, w którym nie da się utrzymać jej wartości.

Po drugie, pola leksykalne nadają zakończeniu książki wymiar tragiczny. Nieszczęście jest niezbędne dla dynamizmu fragmentu i pozwala czytelnikowi wczuć się w losy głównego bohatera. Często pojawia się termin "nieszczęście", a także określenia "ból" i "cierpienie", co przyczynia się do nadania mu siły tragicznej. W tragedii klasycznej miłość i namiętność są ze sobą powiązane. Ale namiętność wiąże się też z nieszczęściem i gdyby Madame de Clèves uległa swoim namiętnościom, byłaby nieszczęśliwa.

DROGI DO REFLEKSJI

KILKA PYTAŃ DO DALSZEJ REFLEKSJI

- Opowieść przedstawiona jest jako relacja historyczna z czasów Henryka II. Jakie zalety daje to powieści?

- Dlaczego milczenie księżniczki de Cleves, gdy jej portret zostaje skradziony, zdradza jej uczucia do księcia de Nemours?

- Co mają wspólnego dom w Coulommiers i rekolekcje w Pirenejach?

- Jeśli w tym miejscu sądzisz po pozorach – odpowiedział Madame de Chartres – to często zostaniesz oszukany: to, co się wydaje, prawie nigdy nie jest prawdą. (p. 75). Wymień kilka momentów w fabule, w których pozory przesłaniają rzeczywistość.

- Jak anegdota o panu de Tournon informuje o głównym wątku?

- Jakie związki można ustalić między przygodą vidame opisaną w zaginionym liście a przygodą księżniczki de Cleves (s. 129-132)?

- Jaką funkcję pełni refleksyjny slow motion?

- Dlaczego ludzie mówią, że *Księżniczka z Cleves* to przede wszystkim "medytacja o miłości"?

- Jakie różnice można zauważyć między treścią *Księżniczki z Cleves* a średniowieczną wizją miłości dworskiej?

- Jakie podobieństwa można stwierdzić między fabułą *Księżniczki z Cleves* a fabułą *Nowej Heloizy* Rousseau?

- Czym nasza historia różni się od *"Madame Bovary"* Flauberta i *"Czerwonego i czarnego"* Stendhala?

ABY PÓJŚĆ DALEJ

WYDANIE REFERENCYJNE

La Fayette Madame de, *The Princess of Cleves*, Paris, Librairie Générale Française, 1999.

BADANIA PORÓWNAWCZE

Beaumarchais J.-P. de i Couty D., *Dictionnaire des grandes œuvres de la littérature française*, Paris, Larousse-VUEF, 2001, s. 1014-1018.

Benac H., *Guide des idées littéraires*, Paris, Hachette, 1988.

Biet C., *La tragédie,* Paris, Armand Colin, 1997.

Dantzig C., *Dictionnaire égoïste de la littérature française*, Paris, Grasset, 2005, s. 823-825.

Duchêne R., "Madame de La Fayette", w Polet J.-C. (red.), *Patrimoine littéraire européen. Avènement de l'équilibre européen (1616-1720)*, Bruksela, De Boeck, 1996, s. 731-737.

Niederst A., La Princesse de Clèves: *le roman paradoxal*, Paris, Librairie Larousse, 1973.

Rousset J., *Formes et significations: essais sur les structures littéraires de Corneille à Claudel*, Paris, Librairie José Corti, 1982.

Chcemy usłyszeć od Ciebie, co się dzieje!
Zostaw komentarz na temat swojej internetowej biblioteki
i podziel się swoimi ulubionymi książkami w mediach społecznościowych!

Master ISBN: 9782808693790
Papierowy ISBN: 9782808615198
Depozyt prawny: D/2023/12603/1799

Verhaal: © Primento

Projekt cyfrowy: Primento, cyfrowy partner wydawców.